理想国

THE IDEAL WORLD

中国·长生

CHINA·CHANG SHENG

ASIAN CULTURE
PRESS

Copyright © 2022 Changsheng

ISBN: 978-1-957144-45-0

All right reserved. 版权所有

No part of this publication may be reproduced distributed, or transmitted in any form or by means, including photocopying, recording, or other electronic or mechanical methods, without the prior written permission of the publisher, except in the case of brief quotations embodied in critical reviews and certain other noncommercial uses permitted by copyright law. For permission requests, write to the author, addressed "Attention: Permissions Coordinator" at 1004096093@qq.com

本书由美国 Asian Culture Press, LLC 出版

Published by Asian Culture Press, LLC

41942 Broadway, Suite 314C,

Boulder, CO 80302,

United States

Photography by Changsheng

Published in the United States of America

First paperback edition July 2022

本书 2022 年 7 月在美国第一次出版

作者简介

作者长生，原名刘伟，男，生于中国吉林，作家、学者、诗人。祖籍吉林省榆树市人，为中医世家，祖孙三代皆秉承着"悬壶济世"的理想，祖辈、父辈皆为当地名医，晓誉乡里，作者早年，寻师访友，游学四方，传承父辈之志，博览群书，精研医道，对现今疑难杂症有独到见解，并将世代秘传之术加以修正升华，但对于文学、哲学的热情，将其关于理想写成格言与诗歌，<<理想国>>就此诞生。

序言

　　此书以格言诗的风格诠释着所窥见的理想国，不同的生活侧面照见着其关于理想国的情感，其内心的意志与存在着的状态发生思考，其中包括关于人的终极目的的发生等方面的表述，以及人的最终命运的探讨，所形成的诗歌虽能单一的发生着所著述的目的，亦为所赋予的文字、想象皆指向着理想国下的全象图，语言上浪漫主义文风，每首诗歌皆以着强大的意志力表现着哲学的意义，存在着哲学之美，能让人不因为没有思考而感到乏味，并逐渐的打开了理想国的大门，发现其中如有一人全身光芒万丈，内在向外散发着五颜六色的彩带，其头顶的上方有七星为之窥耀，缓缓的走向理想国的大门，直到大门被全部打开，发生了全象图的奥秘。

目录

上卷·惊雷

下卷.苏醒

上卷

惊雷

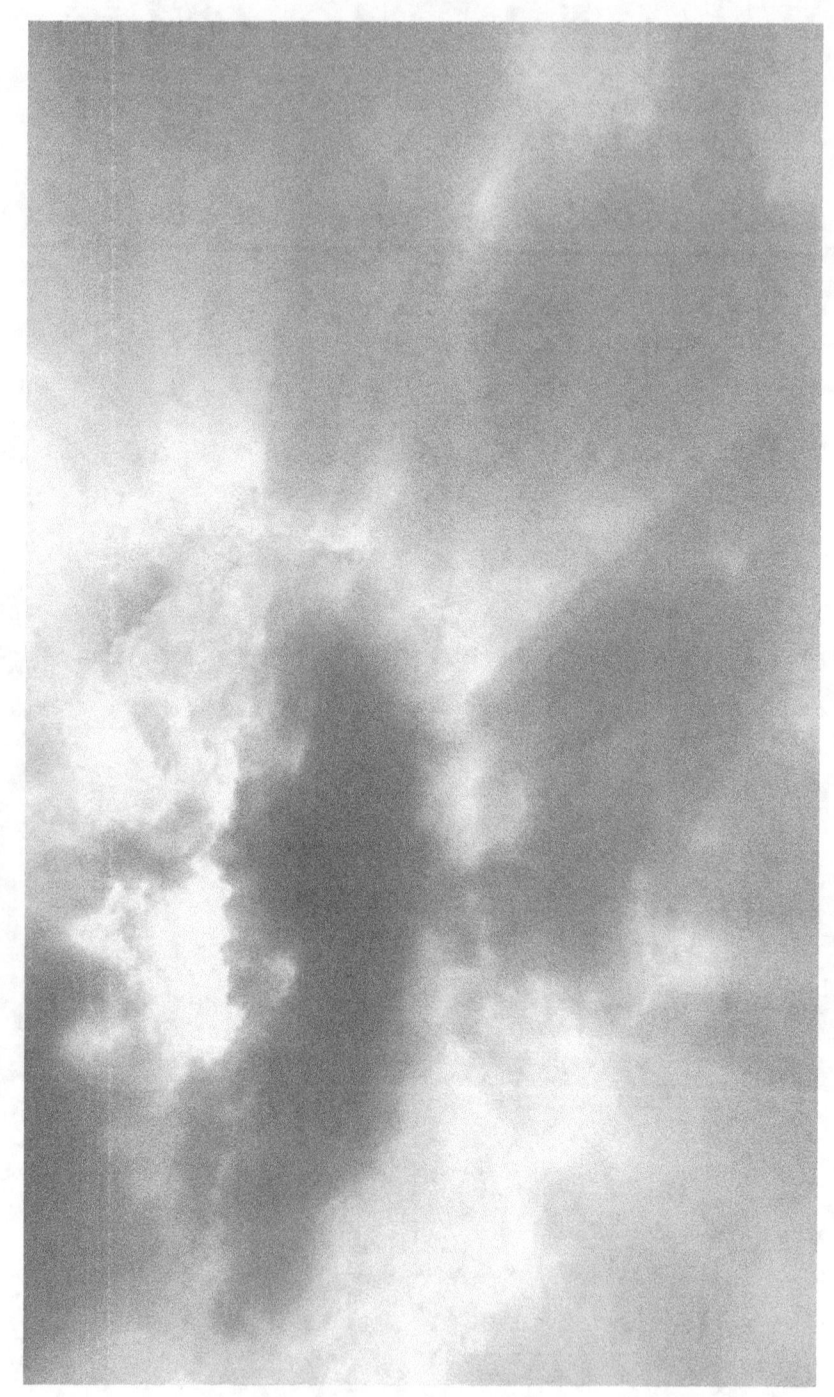

文明

当人们不在害怕饥饿，疾病……

女士们先生们大家好！欢迎来到文明时代。

众所周知，我们的历史已经重新书写了。

现今的我们不在需要食物和药物来维持与延续我们的生命，我们的生命可以是一百岁，哦，不不不，请原谅我的口误，也许我的时间还没调整过来，我们的生命可以是一千岁，一万岁，甚至更远，如果你愿意，我们可以永恒。

时间已经不在困扰我们，我们应给做些什么呢？我们应该从那开始呢？要弄清这个问题前，我们必须先弄清我们是时候结束的，因为时间困扰我们，和与生命相关的私有终结。

我还在要大声的宣告：我们不在需要婚姻家庭了……

我们不在需要金钱了……我们没有痛苦了……大家欢笑吧？

我们需要什么呢？哦，我们需要文明，对对对，是的，文明，就是它：文明时代。

在这个时代里，我们得找点事干，要不在你漫长的生命里会变得很无聊，你们有可能会整天无所事事，聚众生事，奢靡，斗狠，吸毒和性，你们的一生会有很多女朋友或男朋友相伴，还是那句话，只要你愿意……

但是我们现在要说的是文明：我们要向着生命的根源发生，我们是从那来？需要我们干什么？我们为什么这样做？你又是谁？你从那来？你来这里要做什么？为什么会有我？

由此为什么有永恒？为什么有文明？为什么有开始？

悲剧

在我意义生命的开始时，我的面前出现了两条路，一条是我内置一直跟随、且永久跟随，它对我的生命与意义生命的形成有着直接的关系，是我对现存世界与我应在当下做出的努力，更是我在此目的，甚至怀着激动心情。

另一条路是所创建社会之后形成的一种比较安全、稳定的道路，它是给与那些认定此道路的人和选择此道路的人，一般状态下，这条道路上，不会有更多的伤痛、危险、冒险……

它可以避开很多阻力，只要你是个死守这条路上的人，只要你是个选择这条路上的人，但你千万不要异想天开，只要你有一丝丝的波动，你就会尝到无比伤害，因为你不知道除你之外的状态是在穷尽人生的路。

前者让我产生了更多的热情，甚至涉及到理想的爱情：第一天见到你，就想认识你，和你谈恋爱，结婚，生一大堆的孩子……

后者让我产生了更多的无奈，它完全可以判断我的最后时刻：我会没有任何愧疚的人，我每天早上去早市买蔬菜，然后吃完早饭去上班，下班后，我躺在沙发上看电视、睡觉，直到明天早上……

起源

当我们知道发现自己的意识可以解释分析周围的现象对照自身行为时，我们可以认真的考虑一件事，我们对于未知、猜想的文明，我们真的是有苏醒过或是活着吗？

我们的时间对于未知是那么的渺小而短暂，一开始我们怀疑有神论？当人类以非凡的毅力可以今天轻松的存活在这个世界上时，他们的脚步越近，他们否定了有神论成为主题。

离得越近，我们就越灰心。这一切从什么时候开始的呢？当我们可以窥见一个有规律、有层次、有原则漂亮的宇宙时，我们第一次离他们这么近，但又那么遥远，这只是我们第一次睁开眼睛看世界，五颜六色，多么幽美而深远。

我们兴致勃勃。忽然我们被惊醒，我们现在所获得越多和金钱、奢靡的生活相关联，我们越发的鄙视自己的模样，如果没有文明我们没有意义。

那些一直为着探索而努力追寻的人是多么伟大啊！

我们不断的端详品位。我们更加的确信，这一切因为没有文明而开始，开始起源文明。

革命

我们一直在设想着自身实现后的结果，结果是美好的、快乐的、轻松的......，同样，结果也是失落的、甚至悲观的、不知所措的......

我们一直在力图采用最快的方式实现那个力量在每一个人内里的结果，就是因为这样我们创造了那样的方便我们生活的物品，然而这并不能使我们期待的结果更和完美，我在一次结果实现中直接走到那里，同时我也在这次结果中直接得到了失控，我竟然在之后的努力回忆中，那个过程里没有我。

我甚至要刻意在结果实现中寻找到过程。

歌者

要追究一个人自己或一切生物生存的意义或目的，从客观的观点看来，我总觉得是愚蠢可笑的。可是每个人都有一定的理想，这种理想决定着他的努力和判断的方向。就在这个意义上，我从来不把安逸和享乐看作是生活目的本身。

我们的努力和奔向的错误，导致我们将无法自拔，人们创造了先进的手段、坚固的城市、忙碌的人们，他们的自信让这个本该安逸的世界膨胀，每个人都很热情的参与其中，虚伪、欺诈、暴力、自甘堕落，构造成现行世界的主题，世界的和文明的发展方向一时开始了，穷尽人力的开发、世界没有了隐蔽、自私让周围一切都在为他牺牲，包括利用战争实现利益的手法，而且这种手法还是很奇怪的常见。

宗教的背叛，民主主义的曙光，专制专权主义的肆虐，自然世界的报复，让我们开始走向消亡，我感到庆幸的是，我自己只求满足于生命永恒的奥秘，满足于觉察现存世界的神奇的结构，满足于现存世界'人'内在可接近自然生命的发展，窥见它的一鳞半爪，并且以诚挚的努力去领悟在自然界中显示出来的那个理性的一部分，即使只是其极小的一部分，如光一样闪过……

花雨

　　　　一个人从山的那边走来，当每到一个拐角的时候，总有声音让他停住脚步，他不停地向前走去，从不敢回头，因为那样他怕看不到山顶上美丽的风光，也怕因此留恋，直到他走到了最难走出的拐角时，他放弃了执着，眼前山花灿烂，蝴蝶翩翩起舞。但勇敢的他并没有因为艰难停留了时间，终于他又一次感受到生命的呼唤，他在那一刻来到山的顶部，站在山上看到远处美丽的光芒，和去远的天空，飞鸟掠过鲜花时的话语。虽然记忆布满了回忆美好的感觉，忽然他才真正意识到这是正确的：光芒从远处天边传来了声音，那时响起了浪漫的赞美诗，和人生的自由。

彩虹

　　　　我不知道把这个时间怎样命名，它本身就不应被塑造出来，是我们历经沧桑、还自认为是进步和创举的行动编织后的悲剧，我也从这个时候深信'人'用思想胜利一切，包括感情所涉达地方时，那简直就是疯子，就是愚蠢，然而我已经在里面了……

　　　　在我的童年时代，我热衷于理想，更准确的说是热衷于感情支配下的理想，甚至这时的我能够用音符表述它的流淌，我也感到了生命最初给'人'知觉后的憧憬，时常这种憧憬会给我们带来美好、乐观、充实、向往、和感动......

我毫无选择的走到了这里，我仍然热衷于理想，但我知道这时候的理想已经完全被思想掌控着，我的判断开始准确无误，我的每一个行动开始目的上意义，我开始脱离感情直达事件的结果，至于死亡、杀戮、游戏......

生命

我从哪里开始呢......

我一直设想和实现离开这个似乎与生俱来的道路上。当我每次回想起这些时，我的内心深处总是隐隐作痛，但我事实上是被现行的生活所遗忘，我为了的衣食无忧、平淡无奇的生活已经不在是问题，正是因为这些，我的生命时间开始不停留的逝去，我非常害怕自己有一天没有自主的意志去做生命本该属于我的要求，直到我周边所有的人几乎都认为那些事情是他们最正确的选择，然后他们没有在这条道路上迎来光明，我看见了他们的无聊、颓废、抑郁、消沉，甚至是悲哀，走到罪恶的深处，而背叛、欺诈、麻痹和杀人，这一切都是现实的时候，他们是怎么啦......

我应该从这里开始......

我去实现那些属于我的声音，虽然这些声音跟从我生命以来一直很脆弱，但我深信它就是我们之后人的真诚的声音和人的声音，我为之追逐着……

创业史

这是什么？

我不停的思索

我想用尽我能形容的语言来揭示它

然后，越是靠近它

我的直觉越是模糊

一怒之下

我张开怀抱

大声呼喊

旷野里都是这般撕心裂肺

一支人马就死的承诺

于是大地开始颤抖、天空的咆哮

狼烟四起

野狗在追逐着猎鹰

狂风

飞沙

枪声

一泻千里

这是什么？

我不停的思索

第三者

在我的人生走到中途的时候，我忽然一种久违了的声音所唤醒，我知道这种声音一直跟随着我，没有离开过，但这次它让我的内心不断的泛起涟漪，就像微风不断地吹打着平静的河面，让我时时刻刻感到它幽美的旋律，这次我一定要抓住它，就我们的微小开始书写，从阳光铺洒大地时止步，让它开启这个世间最奥秘的事。

对话录

我经历一次不寻常的意外

在这次意外中

我坠入了一个漆黑的地下室里

刚开始的时候

我有了感觉

然后，我的直觉告诉我是躺在一个空地上

之后，我听到了声音

我试图将自己从这快空地上站起来

这时的我才发现自己的手脚被绳索着

周围是和我一样的人

我连头也不能回

只能目视着前面的这堵墙

一束火把出现在我们前面的这堵墙上

接着，是很多人的谈笑声

他们的手里拿着各式各样的器物

还有悠远的芳香

我开始恐惧、急噪、怀疑和不安

我只能凭借着描述来告知人们和所以知道的

表象

突然，我被拉了一把

我站了起来

我转向回头

看见了他们……

那是真实的表象

我被他们的美丽所吸引

跟从着他们一直来到了外面

鲜花、绿树、蓝天、河水、飞鸟……

和光明的开始

我还能回去吗？

不是被他们所嘲笑吗？

如果我告知？

不是被他们所认定是疯子、精神病吗？

如果我坚持？

不是被他们所迫害吗？

我还愿意回去吗？

这是我唯一的一次对话啊！

热情

童年的浪漫

青春的光辉

理想的窥见

生命的意义，乃至人类的生存、发展......全包含在这两个字之中......热情！

只有热情，才能治愈过去的创伤；只有热情，才是我们人类的希望和光明所在。

论美

　　我曾刻意的憧憬内在一直让我坐立不安的和爱，这些东西到底是我此在的目的或是困惑，我为此创造、实现一种有别于世俗的生活，谁能解释我此刻复杂又理想的内心，情不自禁。我们的生活如果在于食物、安逸、享乐，之前一直让我们忙碌着的和永远忙碌着的竟然和开始的时候别来无恙，我和其他一切生物没有什么区别，我们努力的方向让我们的时间和所有人的时间一直停留在理想上，他们总以为下一刻是最灿烂的美，当这种下一刻重复到下一刻，我们一直愚蠢的守护着，虽然现实和理想总是天壤之别，想象让我有了依靠，我们同一时刻创造了'爱'，爱和想象力关联在一起，与此真挚认为'爱'是有别世俗且接近想象的表述者。

自画像

　　我们几乎别无选择的生存在这个令人荒诞又似乎有希望的世界里，结果是每个人都在自己不怎么漫长的岁月里做着这样那样的斗争，我们看到的画卷上是在这场斗争角逐中走出来的佼佼者，他们有因冷酷、血腥、孤独、智慧、博爱、教化、阴谋、野心和所谓价值开始思考，这些是从什么时候开始的：我们需要更多的食物、自尊、自信、虚荣、奢靡、刺激、好奇来生成一幅悲剧的自画像。

回忆

　　知识不断因自我接受外界存在的事实性而引发思考再确定，我们通常叫做学习和认知的过程。我因此又一次的发生回忆，刚开始的时候你可能支离破碎，当人们把自己的名字和事件联系在一起的时候，我们会马上行成一副完美的画卷。这时回忆开始了……

　　回忆因外界的事件事实性而产生联想，外界的事实性的存在本身就是知识的表述，知识是不受人们主观意动改变，回忆历经自为填补知识的空缺，知识源于回忆而发生，自然早在回忆之前设定，回忆是工具又是想象力，同时回忆本身也是脆弱的，它的不稳定性也是人类的弱点，很多本应提早发现的知识或因回忆瞬间的弱点而消亡。

孤独

　　我曾经来过：你生活在另一个世界。现在你所在的世界支配着你去做本不应该属于你的事，所以你所做的事永远不是你愿意做的事，你存在于这两个世界的中间状态，你必须进入一个实在的世界，但你的内心存于另一个世界里，这两个世界都不属于你，一个你得不到，一个是你逃离。另一个世界是你最初的定义，你从这个本应熟悉的世界里来到了这个让你感到陌生的世界，直到你不断的理解，但这个世界却是你亲手创造的。最终你发现了它－－孤独。

罪恶

时间和空间同时开始了。

我几乎在自然觉醒的状态下从事着普遍认同正确的事，它们和我息息相关：活着、欲望、贪婪、享受、不愿死去……

就在我认定这些和正确走的越来越近的时候，我忽然的发现人们是那样的脆弱和无能，所以有意义的最初是人们放弃了死亡，他们开始就有罪恶。

地狱

年少轻狂的浪漫

激情燃烧的岁月

意志至于意志力

勠力的自由

这些都是基点于欲望和膨胀

关于天堂的启示到这里才算刚刚开始，这里的一切你都不熟悉，一无所知，我第一天出生，我还不会说话，我还不会行走，我还没有名字……

国家

　　　至于我们的世界开始是思想前定于人类的发生。我们一般意义上人类因为有了想法才固化现行世界的规范，从最初的散慢到聚集，形成了人们想法的聚集与碰撞，人自身的需求致使想法不断的深化和多方面发展，有了最开始的村庄、部落，逐渐形成民族主义，民族文化。

　　　到这里，一开始还是不错的。正如人类的自身需求增加，人们不停有了新的想法，自私、贪婪等占有欲开始肆虐，无法控制，无药可救。掠夺、泯灭、杀戮、残暴蔓延。

　　　为了挽救人类自身，使得现行已经是事实改变不可能的私有欲确定有规可寻。

　　　我们现在正在前进、正在做……

时间

　　　有那么一次时间和空间同时开始了。

　　　是的时间和空间同时开始了，时间从自身开始迈出运动的第一步就认同着空间的伴随，换句话说，时间从来都未寂寞过？

　　　时间的伟大叙述者，认知存在有了具象的表述，存在同事件的认知共同构建，认知是意识的概述定位，意识包括认知从多维视觉描写。存在同事件的认知又是对意识后回忆的生成，即意识同存在第一时间发生，时间与空间同时出现，时空本身是存在的肯定，它们的表现形式的无形，这些无形的存在都在以原则为运动，每一刻的变化都会决定下一刻的变化瞬间。

如果存在消失或是死亡，这一刻的时空也会因此而消亡。假设存在消亡，意识还在维系，那么我们所处是意识世界或意识控制的世界。假设存在消亡，意识也同样消亡，那么我们仍然是意识的世界，或者说以意识为主要维系。

从上面我们就可以找到我们能否走出限制我们的空间，我们是不可能走出空间的限制或是逃出宇宙外，我们本身就是空间组成部分，尽管我们很渺小，我们是意识世界，也限于意识本身，我们无法逃出或避开自我意识，我们就无法站在第三者视觉，所以定义就是意识所在。

我们还有用，我们不能就此死去，我们可以依存意识原则，我们就会很自由……

意识

意识观于发生存在。

当发生存在被受意志力撞击，意志力就会迫使意识发生改变或是避开，发生存在的时空就会变形，它的规则就像水受到障碍而发生形体的变化，形状受意志力影响，或受意志力目标变化。当人们意识到自我存在，开始像周边方向移动，意志力就会改变周边时空形态，我们才能够实现移动和空间变化。

神谕

就在这个黑夜，我来到一个如此美妙房间。

房间里都是书籍，它几乎占据了一切，我很熟悉的走到书桌旁，且坐了下来。

就在我注视着周围和我咚咚的心跳，我终于想起这是我一直办公的地方，我在这里设定了，实现了计划。

然后你问我:这个世界有神吗?

我不停的发问。

神说:

神一直和你在一起

我看不见你

我感觉不到你

我不能和你对话

我在回忆着你

你依然在这个房间里

我只能默默地注视着你

主观

存在与主观意愿发生永远运动。

存在于主观意愿，存在于永远运动。存在变化的瞬间记忆于时间之失，时间与现存主观意愿站在同一失去的点上，时间维系着主观意愿，主观意愿本质就是运动，主观意愿又存有记忆，记忆存于时间失去相对静止，相对于时间意义上的静止节点，时间之失又是一个接受主观意愿静止的节点，时间意义上的存在即是静止，时间同样就可以追忆，我们就可以回到过去，也意味着将来。

表象

时间先与存在，定义存在。存在可以一种，可以多种。存在都以正反两方面表述，而时间也以正反两个方向失去，存在正以两个方向生成，我们有幸定义一个方向上失去，存在被时间定义，表象虚无。空间无限大，时间无限长，时间如风、如云、如梦、如幻，虚无缥缈、如影随形。

梦集

　　　　我有了直觉。眼前一片漆黑，令我很不舒服。我说我要光，我疯狂得向前跑去，突然，一个很大月亮照亮我的路，它在幽深的上方瞪着一双大眼睛死死的盯着我，我奋力一跃，腾空飞起，直入云霄，它见我向它飞来，瞬间幻化成参天大树，树上长满美丽的果实，它们个个闪闪发光，犹如坠入星河，让我应接不暇，我慌乱中用手去摘，发现自己又深陷茫茫大海，四周死一般安静，只有远处一点点光，我努力挣扎，我要醒来，我呼喊着……

　　　　我用尽全力，抬起我胳膊，发现自己能动了，我打了自己几下，慢慢的从床上起来，走到窗前，还是晚上，我在睡觉，我很累，还好醒了，我怎么会去那样个奇怪的地方，忽然，窗外面传来一奇怪声音，一条大鱼向我飞来，它长着一个翅膀，就在这一时刻，外面赤红霞光满天，鱼鳞的公鸡、飞鸟的象牙、老虎的翅膀，乌龟喷火，蛇能歌唱……

　　　　我很惊奇，后来我很害怕，难道世界真的变了吗？不，我要回去，我要苏醒，我用脑袋使劲撞墙，终于奇迹发生了……

幻象

  意志可以移动周边事物，改变其变化形态，由此我们认为存在于时空之实。时空之实是时间和空间不断处在变化填实的部分，所在时空可以意志发生变化，即便是很小的变化，处在时空可记忆阶段。

  意志是很薄弱的，它不能自我认定，或者说不能独立意志之外，那么意志本身认定自身存于时空之实呢？意志发生变化的时空就是时空的象，时空本身并未发生丝毫变化，是时空的象的主观意愿，时空的象即是时空之虚在这点时间幻象的呈现，或者说我们真实处在时空之虚，我们并没有苏醒，我们事实上什么都没做……

野墓

我正要努力前行

它在我前面的云雾中

我不停地向前奔走

才突然发现它在一个几乎封闭的世界里

我踏过千山万水，冲破荆棘，几经磨难

我站在了它的面前

一个人很忽然的挡在了我的去路

大声的吓道：你要进去吗？

这时，我才意识到我应该苏醒了

那是一个很丰富的画卷

一个人拿着吃饭的勺子

她正在为身旁跟随她的狗从满是垃圾的桶里取食物

人们：呆滞的目光、脸上的灰色 、身上的尘土

大地：所以空旷无野

神像

　　我时常因为平庸的生活而感到悲伤，但总是由于日常的庸俗忘记了自己的神像。

　　有一次，我在去往神像的途中遇见了自己，你干什么去？我迟疑的端详着这个既熟悉又陌生的自身，他也在看着我，不停的接近我，我感觉非常害怕，你不要过来？那人还是不停的脚步，我情急之下，发现一个洞口，我快速的跑了进去：金碧辉煌，万千气象。正当我不能自已的时候，我发现那人在门外狠狠的盯着我，我使足力气冲向他，可是我发现我早已疲惫不堪，动弹不得。那人向我招招手，转身远远的走去……

那年

  阳光抚摸着水岸，斜柳倾听着风声，一群少年欢快的歌声里走进了春天。那时的春天是阳光的，是灿烂的、是浪漫的，没有去过凡尘俗世，是属于小朋友们专属的记忆。他们奔跑着，互相搀扶着，蹦蹦跳跳的一路同行……

  读书声时不时的传出窗外，外面很远的地方，但他们从来没有去过远方，也从来没想离开过。那时的男孩见到漂亮的女孩会脸红，女孩们会不好意思说话，有时说上几句，也是很小声，很小……

认知

  存在于事物与能认知事物的第三者。

  它组成事物本身又作用于事物具象，存在事物无法逃离，无法避开，他们只能乖乖的顺从，依照它的方式左右现象，即便是事物开始发生主观意志，主观意志仍然是脆弱的，被受限制的，它无法走出事物与自身的定义，他们是一个困局，永远被困其中，终身无法解脱，也没有办法解脱，不可能解脱。存在是闭合的，是有限制的，是有多种形态的，但是各自独立，各自依存，组成更具象的困局，无法逃离。

无名

雪烛夜

扬尽万里伤悲咽

伤悲咽

朋友故里

古来霸业

抽刀破长风逐越

扶摇纵身浪漫乐

浪漫乐

如影随形

如歌声曰

雪月

肃清万里又万里

今朝相逢

际遇相逢

统筹八荒落大风。

北方飘雪南飞雨

一骑红尘

再骑红尘

大河日下鸡鸣晨

上元

今宵夜

九州花雨照明月

龙湖广场车马多

龙湖之民喜悦跃

鸡酉闰

喇叭声里长空剑

悲空

孤边艳阳意

落暮自悲空

断桥

小雨闪闪

抓不住的微风

思索着

掠过手中的感觉

在画面安静下来的瞬间

她的微笑

已经越过了断桥

名字

人们（人类）最终会站在一起。

正如开始的那样，每个人都会历经走向死亡而生长，他们慢慢的回忆周边的事物，直到叫出他们的名字，会因此之后有了情感，对于维系情感的事物。

一次，父母喊出他们的姓名，他们兴高采烈的奔跑，直到他们有了骚动，有了情绪和不安，他们开始了爱情，之后有了婚姻，也有了自己的孩子……似乎世界上所有的人们都向着同一过往往返，他们不因民族、宗教、信仰、肤色、人种、文化、地域有差别，这一切是从何开始的呢？

人们最终会站在一起：他们有着同样的过往往返，他们都有着对世界的赞美，他们希望和平，他们希望民主开放，他们希望通过共同约法建立"理想国"。他们希望世界上各民族友好统一在这个理想国里，为了人们（人类）幸福而努力……

春来

一夜春来到

和风觅芳草

入是沙门内逍遥

更显人间闹

说尽人间梦

鸟儿绕柳戏

出是道外三界中

共筑家园里

天门

空间自身定于发起的能量。

很多发起的能量组建生成存在时间与空间，这是时间在这日空间上的起点。

突然真空？陷落在空间内的能量存在开始飞升，时间由此膨胀，大的能量源形成本自空间的中心，向着更高层次的中心运动，事实上已是完成，空间已是闭合，内在已是成熟的机动的建构。

贪婪

你不去，你就能远离它吗？

当你因为人们的贪婪而伤害到你的时候，你就会发现权势的魅力。

不会，我可以完全的置身事外，我一直从事着关于讨论存在的目的，关于哲学的一切。现在社会的浮夸已经刻苦铭心，人们都在走向权力、金钱和攀比逐浪的生活，不断的忙碌，

你可以不为所动吗？

我正在设想着平淡的生活和无所畏惧，正是为此人们的浮夸而感到庆幸

我没有随波逐流，我在这里，我还没有做，我不在这里，我没有留下印记……

感知

你抓不住它，它时常出现。

就在一念之间，你试图努力理解它、感受它，稍纵即逝。

它如同童年的向往，少年的浪漫，成熟的回忆。

又远忽近，猝不及防。

好的感觉似乎一直跟随，是阳光，是浪漫的光，好像它比浪漫的光还有色彩，能想到它，或是拥有长一点时间想到它，凌空跃起……

存在

存在可以不定状态，即存在多种形态。

由此可知多个或者无法想象的宇宙，多种空间相互存在并相互依存，又各自独立，依存在同一时间逝去无法追回，独立于各自状态下表述出相对独有的形态。一个事件以着它唯一且多的方面成立和发展，即是意志可以想象到的事件成立即有可能一定成立成长，意志变便刻意存在，意志所到就是存在所涉及，意志由此便可以表述表现着存在。

存在是意志，是想象活着的虚无。

价值观

世界观溯及启发自然力的崇拜。

价值以着利益受多面形成不能停止，我们现行社会由其掌控最高权力意志为所为价值目的而设定行走方向，致使他们不能知道的无法可控的肆虐，人心浮动，物欲横流。社会上几乎所有人都在为此奔走且陷于浮夸虚荣的景象，很悲剧。文化反省正需要在悄然的走向烟火弥漫的村庄。

夜空

一个人……

我不停的思索着

抬头望向远方的星空

又一次靠近着的

那是一道无名之路

我忽然的想起那山那水那热恋的你

河面的波浪跳动着的浪漫如期心里

夜空……

我试着你的双眼

追寻着属于你的光芒

像以往那样勇敢

就在你的周围落下

我猛然的跃起奔向敞开怀抱着的青春

那时我们已然拥有着幽然如是的朝霞

一个人……

夜空……

世俗

我依然美丽的梦啊

感谢上苍

我依然拥有着那样美妙感觉

让我抛开世俗的烦恼

我勇敢的拥抱

我勇敢的爱人啊……

当时一个年轻人啊

向往青春

走进属于年轻人的美丽校园

睁开双眼即是完美的

我拥有着想象

我拥有着理想啊……

瞬间

稍纵即逝处

即是美好

如影随形时

即是光明

蓝色

我开始回忆

还在熟悉的一切。

那应该是海，蓝色而幽深。

那应该是草原，蓝色而高远。

那应该是雪域，蓝色而浪漫。

你起身肃然起敬，就在你开始记忆的下一个路口经过。我努力的回想让我毛骨肃然的感觉，它又近又遥不可及，我几次想伸手抓住这一刹那，我在门里啊，不，我还在门外，这是为什么呢？为什么总是这样，我的理想啊……

我不想这样路过……

疯子

在疯子的面前出现了很多条路。

就在他做出选择的时候，一个人来到他面前质问他，你刚才说的价值取向是什么意思？他很认真的注视着这个人，因为终于有人关注他这个疯子了，他放慢了语气又说了一遍：我们用尽我们一生的欲望、贪婪、虚荣、浮夸和所谓梦想建造一个高高在上人人头脑中甚至每时每刻都在谈论的金钱社会，他们说话、走路、吃饭、睡觉、做梦、上厕所都会闻着到金钱的气味。

我们错了吗？我们错了，我们真的错了？我们需要的是在人们还没有彻底的掉进万丈深渊时掀起一个关于社会价值观的革命。

必须是革命，只有革命。

那人想了一会，那我们是不是就不用挣钱了？还是我们想买什么就买什么？

然后我疯了……

无知

那时的我很阳光惬意，没有感觉哪里不舒适，我觉得生活很美好。

我记得我就坐在一个洒满春天的四合院中，院中间有一颗高大悠然的柳树。

我的两个朋友也来了。我能说什么呢？我还是很热情的说了，我关注理想？

他们听完没有马上回答我，只是向我提了几个常见的问题：理想值多少钱啊？兄弟理想能当饭吃吗？现在人们都关注你有多少钱？你的事业有多大？你有多少财产？你当多大官？你爹是谁？你身上穿多少名牌？你开什么样的车？住多大的房子？娶多少女人？谁还谈理想啊？哥们？

之后的小半天我们一直在谈关于这些问题，关于钱的问题？他们两个事业很成功，有着足以让别人抛去羡慕目光。

我一直在关注，关注这个与我息息相关的一切，又与我格格不入的一切，我是怎么了？难道我错了吗？

这不是最重要的吗？是最重要的吗？我没有怀疑吗？他们在怀疑我吗？哦，我知道了？我知道什么了......

自由

为什么会这样呢？

辗转反侧，夜不能寐？

一切是从什么时候开始的呢？是关于金钱的谈话吗？是的这次关于钱的谈话，我很反感。

是时候开始一个真正新时代了。

它是关于有人类开始一直向往的美好社会：人们崇尚文明理想主义。

每个人能够获得允诺下的自由、民主。

我还没有想好，我还不能直呼其名，我真诚的希望在我还能行动的脚步里遇见那样让我怦然心动的人，他是什么样的人呢：他有着和我同样的理想，为了人们能够获得真正的自由与民主而努力，让新时代开始吧。

让我们一起来证明"神"还是存在着的好。

风月

我在这里
绿叶和风的回忆
我在这里
阳光和煦的春意

我努力的向前奔跑啊

天空留在我的心里

我在和你对话

我说的是真理

你听不见我的声音

我感觉不到你的呼唤

我下意识的伸开双臂

这里是记忆的青春

想象

嗨，你还好吗？

我们年轻时候的样子。

我以着想象来到了你的面前，正要向你靠近，对面出现了你熟悉的身影，树林深处遮挡住你的样子，草地上悠然端坐着的年轻人，他望着很远的远方，似乎在想象，想象着接下来的生活，想着接下来的生活是什么样子，想着想着，天空里、白云上，我在这里，我在那里……

唯美

美的感觉就像夏日的一缕清风，从你的耳旁掠过，它就在你感觉到的时候，还没来得及体验的时，它去远了，但在你身边，这时的你已经说不清，记不住它刚来时的样子了。

我已麻木，我走进一个长廊，四周都是坚硬的墙，只有前面有微弱的光，我努力的向前，开始的时候是走，后来是慢跑，直到我快速的奔跑，发疯的奔跑，我没有一刻停息，前面总是有光，总是有美的瞬间，我在前面，光在前面，总是在前面……

戊戌

长路上
今又风秋树叶雨
大象缤纷千百事
更上千秋万年长
戊戌变
红日旗下当空照

定义

这一切都是事先设计好的。

我们凭借着感官外物意识到自身的存在。从一个地方到另一个地方，我们现在可以很轻的松通过各种交通工具相互转换，一切看似都有边界又是边界的起点，换句话说，我们存在一个有界的世界里。

维系我们的空间最直接的要命的是时间、速度。我们到另一点，速度的快慢可以控制，但时间无情的流逝。也就是说，我们的空间里速度有个最大极限，时间不属于我们，我们无法掌控，我们被定义是在感觉中，外物或是不存在……

流动

如果我们在这一刻从原地飞起直到我们的上方宇宙中，我们将失去了所有因为牵引而回到原点的力量，我们将不一样……

最初我们没有分离而至于地面上，运动虽然不停止的处在印象静止，我们所见到的运动是自身感同身受，或者说同样的感同身受也适用于地面，此时我们于地面的分离把我们至于一个同一视界中，我们将漂浮，直到我们靠近一个巨大的牵引力场，我们什么都不做，我们也会运动，事实上我们自身是没有运动与运动的能力的，当一切都离我们远去，这就给我们提出空间流动第一次思考……

至于

同等大小或至少对其双方有着相互影响的空间同时存在，相互围绕，造成我们空间内在的朝着某一个方向不停的流淌，周而复始且循环不息……

也正是这样，我们不仅仅存在同一个空间，至少在两个或是两个以上多个空间同时存在又运动着，我们的空间第一次给力就源于至多空间的至于……

他我

走？

走到车窗里的绿色，走上扶梯里的梨花，不时的有飞鸟经过，他不停的摆动，像跟随着记忆般音乐的起舞，就在这时一个小孩从我身边走过，他很像我，像我小时候，经过魔镜窥视着似乎陌生的人……

小镇

小镇

我不是风

我不停的想

放开双手 张开翅膀

向着光和海洋奔跑好吧

一群熟悉的人出现了

他们在招手

那时我们开始着笑容

我们还是那个少年

只有一次记忆的青春

它流淌着金鼎小镇

流淌着我却不在那里

幽暗

有过一条隐蔽幽暗的光线，顺着它的指引走下去，第一次是你发现失去的自己。

你毅然的走下去，带着好奇的眼神来到了一颗树下，你开始认为苹果掉下来的样子，苹果树围绕自述中自己迷幻般的热情。你是你又是一个幽灵的记忆和记忆的持续，它遥想着青春与冥想和想象……

迷雾

重峦叠嶂，迷雾森林。

我失去了方向，似乎在前面，我冲开人群，开始奔跑起来，让自己离它更近些，终究回头看了一眼，一时青春浪漫美，它也在奔跑，但它只是看了一眼就转身，我来不及思索，它埋葬了那里，我再也没有进去，它再也没有出来……

计划

我曾经来过：你生活在另一个世界。

现在你所在的世界支配着你去做本不应该属于你的事，所以你所做的事永远不是你愿意做的事，你存在于这两个世界的中间状态，你必须进入一个实在的世界，但你的内心存于另一个世界里，这两个世界都不属于你，一个你得不到，一个是你逃离。

另一个世界是你最初的定义，你从这个本应熟悉的世界里来到了这个让你感到陌生的世界，直到你不断的理解，但这个世界却是你亲手创造的。

九天

神兮，神兮

遨游于九天，天地多辽阔

神兮神兮北极之明

四时为之启始

神兮愤怒

神兮神兮归何处

神兮惩罚兮

火神雷神不惜

天地狭小

上天赐福兮

行善亦积德

吾兮吾兮

万物生灵兮

万物生灵兮

流影

忽然间

我发现林荫的路上

微风经过

有一群年轻人

带着笑容

在那样的日子里

我说阳光正在你的身上

你说还有时间为你流淌

在那样的日子里

我说月光正在你的身上

你说长夜里有你在心房

在那样的日子里

仿佛

阳光下

道路两旁，是曾经的你啊

笑声里

你我同行，是曾经的你啊

我喜欢走在前面拉着你的手

你喜欢走在后面挽着我的手

我静静看着你

你默默地不出声

就在这时一片落叶擦肩而过

消逝

　　我不停的思索，就在一个将要过去的冬天来到了这个即有激情又有飞逝的光阴，我不停的追问那里清香四溢的花季少年是否还在等待山花浪漫的小姑娘，我来不及思索这一切是从什么时候开始的，我来不及思索，这一切已经开始了，那一年已经走过了世俗的悠悠岁月……

封神

地狱之火的烈焰

是谁把你点燃

让魔鬼与天使为伴

神明啊

呼唤上古先贤

祭昆仑仙山青龙宝剑

杀尽人间恶鬼

再造封神榜

幽灵

我站在黑夜里幽远的深处注视着向我敞开的道路，就像一个刚刚诞生的幽灵在寻找着通向魔界的入口，耳边不止一次又一次响起灵魂炼狱般的狰鸣，道路两旁雾气开始肆无忌惮的吞噬照见我的路，山上的人们正在窥视着？但它们重来不和我们对话，就像我们永远都在猜测它的存在与我的照见。

虚空

　　从各种迹象表明存在时空之虚为我们实在于感观外物的表象，事实上我们对外物存在错觉的判断，我们依着自身认定析解外物构建之事实，这种构建是虚空的。

　　虚空最终发生爆裂与粉碎，当然这是我们的虚空而言，同产生错觉的先后我们可知不同的虚空，时空之实依然会继续发动构建外物的错觉感，直到实在不在振动，所有虚空将不同先后走向爆裂与粉碎，实在会再次发动吗？或同时存在其他时空之实呢？我们的虚空很早依然不存在了，苏醒的意识能否跳出虚实所在呢？

　　首先是时空之虚发生爆裂与粉碎，时空之实依然在发生振动之力，我们的时空先予产生消失在虚无之中，这里就会涉及此时的实在振动的时空能否与我们相分离？种种理想状态下是相互分离的，直到之后实在振动不在发生，时空之实走向死亡。

　　即可获得的描述与想象有关。观感者出现在正面进入画面陈述所想象着的，与此相对的画面亦可完整的另一面陈述着想象的，就可以接受四年八方的观感者同时又就同一描述不同的陈述，这就使得我们无法窥见存在者的全貌，但都是正确的无法跳跃逃离……

景象

　　　　为什么无法窥见存在者的全貌呢？它到底是怎样的存在呢？

　　　　存在者以其第一元构建之理设计存在，最初目的只可能出于一种直接单纯的设想，观感者自身即亦是存在者，又是别于其他同等存在者，对于自身存在已经出现不同方向的追问，对于他者存在依然无法或解，存在者自身亲自创造的存在依然不会想到四面八方的正确的实际的其他的妙用……

虚实

　　　　虚实即是存在。

　　　　事物以各种样式、类别、形态，从不同方向、角度出现虚实时空所在，外在的观感描述一方向角度的全貌，四面八方的观感亦以全貌视之，皆走向虚实存在。

　　　　虚实本身在运动之初为一体开始，运动又为开始的虚实时空，开始即是存在，存在的运动就出现虚实时空。

　　　　人只能到达虚实所在。并存于困于虚实所在的力量场。

我们可以进一步设想进入开始存在，即存在没有运动。存在就出现开始与结束，开始结束之外亦是无始无终，无静无动。

　　之外的界点依然出现另一个有别于我们方向运动，它的开始结束恰恰与我们相反，虚实所在亦是如此。

　　存在开始结束，存在于开始结束之外无动无静，维系虚实所在，建构完美视觉且无法窥见全貌的界点，应不在存在中，亦不在无静无动之中。

恋的风景

我站在那

你向我招手

让我跟着你

我站在那

你向我微笑

让我随你去

在路上，遇见了你

我向你说话

你低头不语

我刚要开口

你说我要离开这里

微风经过

在那等着的依然有你

夜空

夜空

北极之明为你指引

夜空

长启之星为你趋使

你乘三垣之车天际浪荡中

你查周天之变行万物之重

夜空

人生天地之间感好生之德

怎个九天人分七等之天地

夜空

你乘三垣之车天地浪荡中

一夜九霄云外长生桥之下

夜空啊……

悲鸣

你的问候

就在这里，不卑不亢

你的哀怨

就在这里，一动不动

向我走来，翩翩飞舞的风

向我歌唱，黑夜光明的路

不在这里

不在那里

没有问候与哀怨

在你心里

在我梦里

安静祥和

古刹

冬日的夜里飘落着花和雨，正打在远望是一道道宛然直上云霄的古刹山门，宛转的山路两旁歇意着怪石林里，生长着似拟人般的青松，望上去，茫茫大荒，两界两色一此岸，走过此岸，就是九霄云外古刹山门前……

神说

神说：

神一直在远离你

你看不见我

你感觉不到我

你不能和我对话

你在回忆着我

我依然在这个房间里

你只能默默地注视着我

神问：你了解我吗？

他说：我了解你。我们一起长大，一起上学，一起玩耍，像朋友一样，聊天、聚会……

他问：你了解我吗？

神说：我感到很陌生。虽然我们一起长大，一起上学，一起玩耍，像朋友一样，聊天、聚会……

他问：你为什么会感到很陌生？

神说：我现在更困惑了。我们一起骑马、牧羊，游猎于山谷之间，翱翔于天际之内，就像小时候……

神问：你为什么会感到了解我呢？

他说：我现在就很了解你啊。我们一起骑马、牧羊，游猎于山谷之间，翱翔于天际之内，就像小时候……

他问：你为什么不说话？你在想什么？

神说：我在想，为什么我们像小时候一起骑马、牧羊，游猎于山谷之间，翱翔于天际之内？

他说：因为我了解你啊，所以我们像小时候一起骑马、牧羊，游猎于山谷之间，翱翔于天际之内？

神笑而不语。

这就是人与神的第一次对话，也是唯一的一次对话。

分离

我？

我和我开始分离

我和你

男男女女

圆一而围三

四面进八方

男女相依依

十六事而夜行

万物以始初

一叶视而百花开尽杀马饮血

如幻

无我无你

非我非你

有我有你

你我相依

生死别离

声音唱和铜铃如幻境

失忆

意识是否存在着无规律的发散式的描述？

失忆是状态后第一意识，状态自身由于之前比较开始有了运动，立刻认识到自身突然的存在感到困惑，于是走向回忆。

回忆虽然即便是漫无边际的寻找自我，但它逝去的方向从来没有停止向前，有时会兼顾左右，这是很少的运动，这就是为什么人们即便觉得事件本身可能存在错误，错误依然会发生。

当这种意识驱使着回忆走完所有记忆时，空间的承载量也就到达了极点，开启的世界也就会关闭，我们的意识与认为的世界便成为幻觉。

状态后出现两种之间围绕纠缠之形态。

一种是无色、无味、无形之别，一种是有色、有味、有形之别者。至于期间先后顺序是从无形之别开始的，无形之别试图依着自身超强的想象力描述出有形之别，换句话说，有形之别的描述就是无形之别之想象，无有形之别，皆无形之别想象之幻。

对于某种形体而言，这种被构建的有形之别是有极限的，要使得有形之别变化消失的速度减慢或长此以往，就要阻碍想象之幻，直至不在变化与想象之幻，有形之别才可以长此以往。

灵兮

灵兮，灵兮

纵身于九宸，金阙多寂寥

灵兮灵兮大周天界

细入为之微尘

灵兮之志

灵兮灵兮暮晨纪

灵兮长生兮

数往知来不息

俗居小人

行度盈缩兮

护我影身形

须臾之间兮

不过尔尔兮

神山

神山兮物开

白之端兮阴阳界

我生双翼兮，始于玄武

我化生灵兮，感于十方

得长生兮以左

得自然兮以右

天不见辰，地石不生

化物其于地兮，纪苍狗昊

行四时之六气兮，天宇乾造

述象

天干者路

地支者方

四维者时空

天地人神鬼

地户去天门

人门入鬼门

无形化有形

有形传无形

无形者长生

有形者朝露

力量之门

生死者往复

逆行者羽化

幻影

空间的出生是显象的表现，空间凭借自身形成的周密运动完整的闭合旋转，从方向上应该是向东同流淌，同时的空间就出现方位的反复，即空间与方位是运动的实质性描述，这就是存在的全部内容，并没时间与设定，换句话说，存在没有时间。

一象四方

一象兮四方

自由之地兮山水道

我生生之地兮，显诸者背

我志去之地兮，显诸者仁

然大江于前兮以隔

然大势于乱兮以观

自由兮自由，何时与我朝夕

天不应时意困于此地乎

又为何生此去之志

寄苍穹之高与语

此志不渝

自由兮何方

治地以将乱兮三年哉

我辈生逢除旧之势兮，藏诸者用

我辈小儿与妻之向兮，天宇美耶

至圣大殿世人修兮为明道

至天阶之高傲上兮为应天

自由兮自由，何时与我朝夕

飞身直上九天兮环宇之界

紫衣常带烟霞兮比拟之色

尽观天地五十有五

成化万物也

窥见

即可获得的描述与想象有关。

观感者出现在正面进入画面陈述所想象着的，与此相对的画面亦可完整的另一面陈述着想象着的，就可以接受四面八方的观感者同时又就同一描述不同的陈述，这就使得我们无法窥见存在的全貌，观感者即可获得存在与微妙之间对自身有着意义的下一步思考，认定存在的意义与意图。不同的观感者依着自身存在的角度发现存在与之相关，这就出现不同的流动与发源但与之相同的起点相关。

论神祇意

神祇与生，无始无终。

神介乎一动一静之间，蠢蠢欲动是其所为，神亦不能无为，其身动而生物，静而成物。

神祇之意在乎克化其所为，归元与极，成其无为，所以人若能自成元始，自成天道，方可见神之尊仪，与神之论语，而纵横四海。

背离

　　人以着不同思考起点向同一目标阐述可认知的事实时，就会出现现今两种体系下对感官世界里的延伸，一种思考的起点是"象"之世界，一种思考的起点是"存在"之世界。

　　象的出现可将已知世界呈现完全没有死角的记数，它把所出现世界内所有成象作相互间规定以完善体系造影。

　　存在则把已知世界的个数作内伸式的析解，它并不将所有世界内的存在以体系造影，而是将个数存在作体系造影，从而找到个数在体系间存在的规定。

　　目前人之认识就存在着这两种看自不和谐又向着各自方向一直延伸到今天而不能携手的两种冲突文明。

长生诀

自由兮

大鹏于高穹，尚能纵横环宇

自由兮天之南北兮

祈攘兮北斗七星

长生之诀

自由兮变幻万千兮

庚子兮步天之歌

荡气回肠

自由兮

离弦之箭兮策马扬鞭

自由兮

祭起昆仑之剑兮披风斩日月

自由兮

自由兮

空间

空间是运动的。

空间运动呈闭合的曲线由内向外转动，定义空间存在围绕中心旋涡的波纹，它沿着一条东北至西南虚空线倾斜，所以虚宇空间倾向西北，方位倾向东南，空间依着这种角度做周而复始的运动，角度自身也存在纠正式运动，不断由东北向正北运动，最终几乎不存在角度问题，然后在由正北向东北分开运动，角度间现分合运动会导致我们的存在发生灾难性变化。

人所在与感知的存在为物质维系的空间，这一点是毫无疑问是正确的，这一点上是目前科学认定事物的起止点。

物质空间并不是人所归去与存在着的至多区别的高于空间，物质空间是存在最低运动和感知的有限变化的维度，它本身并不能描述自身存在的另一个维度，这一切都是真实的。

物质空间会发生变化，变化从方位开始，从而引起角度不同程度变化。

方位与角度的变化就会使我们真实的物质空间发生翻转，相应关系我们的地球南北极就会出现异常，地球有可能不在有黄赤交角的存在，太阳常年直射赤道，相去赤道南北将会出现极低气温，人类很难再适应地球变化而生存。

存在空间有别于它者存在空间，别于它者空间是存在空间的生成空间，那里运动是处于极致之状态，只要有了运动就能将其能量传递到所在所有它者存在空间，只有不动便丝毫感觉不到任何信息，这种处在存在空间基本保持似动非动的状态，但并非不运动，也并非运动。

存在自身出现两个不同表象的实在的运动能量，可以的速度表现为有限制的力与自由度是其实在空间，表现运动明显更为快速与轻松的是虚与空间。

存在自身有四个不同方位的延伸，实在空间与虚与空间同样出现四种不同角度，以着我们自身对应就是纷繁复杂的事物和四种不同方位角度诠释。

但独立于存在又建立存在之联系的是存在之意图，这种意图更像人的意志，首先讨论意志是否存在生命的问题。

由意志出现存在之前关联存在自身不能起源运动的第一次接触，它者存在就依着无穷尽的状态相互关联而维系。

物质空间是最低运动。

人通过自身运动与感知周围可见光与事物，接触事物的外形，因此知道对于事物本身对外显性的特征加以描述，它者存在是否是坚硬，还是柔软，从形状的大小到颜色等等变化可判的推断来掌握它者存在的意图。

这一切就会使我们定义在物质运动内，我们会因外在它者存在出现各种感知而作用于人自身的情感，人此时就会出现七情六欲等问题，人也会真实的感觉到伤与痛的问题，这就是物质空间的真实性与最低运动。

人可以进入另个空间，那里不再有真实性感知，它者存在运动明显高于物质空间，人会感到很轻松愉快的发生着联系。

如果

如果你在路上

就请你一直走向前方

即便你发现视野里不在有你

你终究没有放下

阳光与雨

飘漫着清风之面

如果你在路上

就请你归还我的行程

即便你觉得那一切早已过去

你终究无法逃避

风和摇摇

应在你的影系着你的心

风晴

　　直到忽然的意识到出现在你眼蒙里的不是风晴日丽，它们是幻觉，它们都可以用语言文字来形容，然后它们变化万千，直到不在被关注，直到消失在眼前，后来你什么也没看见，只剩下被遗忘的人作的一次描述。

　　仅此而已……

醒来

我们该醒了

我们会好起来吗？

真有人会相信我们吗？

走到了路的尽头

还要凌空跃起

像风一样的感觉

飘荡在深暗的山涧里

醒来

骄傲的人们

如果不是灵魂的追问

如果不是无数生灵的瞩目

希望你永远不要窥见

我们珍爱的世界

那是很悲惨的

你不知道

你被关在一个房间里

接下来

监视着你的一举一动

人生

一声哭泣

是感动自己的出生

一声哭泣

是感动他人的消逝

人的一生就此一念而已

过此间花和海洋

天宫

长生兮

黑色帷幕兮璀璨之光

尽天地之狡黠

生灵为之驱使

长生兮

云开雾散兮天宫之城

倾大河之水奔流不息

穷宇宙之力筑天之助

长生兮

长生兮

披红

一道道的城门勠力而开，就等远行人们的归来。不时间，大队人马风餐露宿，黄沙旗下一骑白马呼啸而过，那白马上有一女子身披带红，转瞬即逝，渐渐消失在大清门的深处，銮驾车仗浩浩荡荡跟随而至，在这个到处断景残形下的景山映衬着霞光异彩般的美妙如画。

一时间朝野内外，自上而下，风波所及，无不侧目而视……

如果·我们

如果永远……
我们将如何面对……
如果生活就此回到过去
我们将会珍视彼此的目光吗？
如果浪漫因此回放
我们将会拥抱浪漫？
如果真实的开始了
我们还会选择继续走下去吗？
如果永远……
我们将如何面对……

如果生活永远回不到过去

我们将会选择怎样活着

如果蒙娜丽莎即成为现实

我们的笑容将成为影像

如果生活失去了平常的乐趣

我们又应该何去何从

如果……

我们……

画卷

存在无限宏观与无限微观，处在此处过程又是它处起止点，反之亦然，两者状态可以长此以往，变幻较为缓慢，或者说基本很难察觉处在过程中的变幻致使彼此追逐，生成循环往复者开放的世界，将展开一幅变幻莫测的画卷……

江湖

　　飘零江湖，一直在设想生活给予我们的意义，时而拔剑披风追月般的花散人间，时而悄然无息处听雷雨鸡鸣。

　　这一切都不容你去想象，无法想象，直到你看不清自己，追逐着自己……

　　飘零江湖，一直在设想生活给予我们的意义，时而拔剑披风追月般的花散人间，时而悄然无息处听雷雨鸡鸣。

　　就在刚才，全然不知……

清晨

　　那是一个清晨，夏之风仍然吹拂着远处漂浮的绿叶，从河水流去的方向依稀可见白光点点，桥上的行人不时的与你招手，就在刚才，不经意间，河水泛起涟漪，躁动的声音响动两岸，人们驻足而立，与在此时，他们擦肩而过……

神游

人即便身不动，心不可不动，心念动者，身即止静，神游太虚，遍观周天，汲天地之元，散至奇经八脉，护我影身形，定身之法，再无动者心……

冷风

一阵冷风破长空
此目烛光夜游影
时现忧思纵身动
再拔利刃日月明

往复

存在状态后就此间表述并不相同，即便不同而出现视觉变幻，变幻发生缓慢与昙花一现之别，其事物内间纠缠仍然无休止，没有它者之别，所以出现变幻就如生灵可知为意识的生命，与缓慢或很难感知自身变幻非可知为意识的生命？是生命者为，即存在为生命，存在为意识，意识出现往复，存在即可见者为意识也。

杀马令

忽如阴风静

步天图暗幽

此目烛光夜游影

斗，绿林豪杰命？

杀马令

干戈将止兵

无限

  然而对于状态前虚实显象依然存在，它们的出现依然是显象的表述，并不能脱离状态前虚实之间，几种状态后相互纠缠生成相互追逐无限循环反复的兆象，成为此处存在。这种存在对等发生即是它处存在。无论是此处与它处存在都是状态后发生的，依着状态前虚实之间纠缠自身所以开始与结束所致，由此可发生多处定义的存在空间，他们之间是相互独立又彼此依存，即是自身有限又是它者存在无限所在，并不意味着不能尽循环反复的过程，是相互独立彼此皆是发生往复过程，只是独立发生无限结果。

十月

十月，风高月明，长江之水，清澈见底，非心旷神怡者不能为之。微风吹过江面，平静如初见之浪漫，金色璀璨之光，萦绕在长江之流，又直下奔腾不息的红色花海，高山林立众于青色之城下，人员攒动，有奔走相闻色变之紧急，不断聚集，慢慢地夜幕垂象，四处静悄悄……

一声枪响，响动寰宇，应声而倒，血染大江。

预知

问：神有意识否？

曰：无所意识，近乎意识，亦乎意识，唯意识所能及，是意识也。

神无所在，无所不在。

万物之先，事必遵循，穷尽规至，无所更易，奇妙变幻，百花齐放，踪迹全无，心即是一，然后曰神。

得神者焉，清明在躬，气志如神，奢欲将至，有开必先，所以万物可预知矣……

一世界

完美过程是出现结束，结束"止此而生"即存在世界之所有变幻，可视为能大能小之幻境，大者可为无限宏观所在，小者可为无限微观所在，因此过程适应所有内间虚实之变，此一过程即是"一世界之一世界"。

神兮

神兮，神兮

祭穹于大荒，与天同所路

神兮神兮大荒之地

日月为之遮挡

神兮之夜

神兮神兮光明乐

神兮长生兮

无尔无我不翁

与天同寿

必至青山兮

一世界往复

神兮神兮

止此而生兮

止此而生兮

苏醒

  在开始的时候，我有了感觉，然后，我的直觉告诉我，我是躺在一个空地上，接着，我听见了声音。我试着将自己从那个空地上站起来，我的左手搭在与我后来才知道的树枝上，这时的我开始苏醒，前面是什么？我从迷雾笼罩的森林里走了出来。

  关于天堂的启示到这里才算刚刚开始，这里的一切你都不熟悉，一无所知，我第一天出生，我还不会说话，我还不会行走，我还没有名字……

虚无

  此间之虚并不孤独，虽然所处在虚无止境，但其间仍然存在此间之实，相互间发生围绕事物彼此明照，因此之虚而由此之实之照，由此之实之照因此之虚。

  虚无止境即是无限往复结果所去，并未发生。

上下

有别于上下方位上的幻境不同的是左右维系。

其左为此间之实之幻，内间无限之实无止境，存在之虚之幻，之虚无限结果往复，相互依存。其右为此间之虚之幻，内间无限之虚无止境，存在之实之幻，之实无限结果往复，亦是相互依存。两者发生你去我来之变，但此间之实之发生者是状态后之虚，此间之虚之发生者是状态后之实。上下方是完整闭合之唯物，成左右虚实维系你中有我之身影也之世界。

金陵

古金陵城间中跻身于云雾缭绕帷幔，看似一幅春色绿林森森随风飘荡，悠扬的湖面泛起涟漪之花随即而逝，雄踞雾起……

古金陵紫金山间隔围绕潺潺流水，璀璨之光环视朝霞，云色追去江山如画。好一个大龙风水之地，道长缓缓走上了紫金山巅，目视江山春色，心中无限想象，由此所视南北……

四方

此一世界而四方位而不同，就此世界发生存在表象，止虚之虚无止境内间无限未发生，所在此间虚无不能视为发生，无法描述为意识所认知，与发生世界存在背离显象，对于意识发生很难触及，基本处于无所为之状态后。

如影随形

与我，过去，现在和未来

寄思万千，魂牵梦萦，恍如昨日

星光点点的回忆，照进着我的现在

把"光明"遮挡于它的黑暗

我的情感渐渐越过未来的藩篱

理想放开它们的双翼，视野斑斓

与我，自由人诠释了先知

鲜花盛开的凤凰山上

向海之渔女歌唱颂吟

绿岛夜曲，随波荡漾

珍视我的内心吧，亲爱的人们，你应给予

由此过去与我们如影随形

显象

存在幻觉是发生显象。

我们对存在显象描述为它者，对它者的照见是我们自身，与此发生意识的世界为自身自持，我们并未见到它者皆为生命……

此间之虚照见是对此实之观察与描述，此间之实照见是对此虚之观察与描述。此虚显象为此实之在，此实显象为此虚之在，开始既往结束，结束既往开始，其间往复无限过程由此结束，结束此虚实之未发生所结果。

此间之实意识状态显象由此之虚，无所不实止此而虚。

其间

与我，此间，止间和彼间

以此万里，止此之间，彼岸生花

璀璨之光的黎明，走进了我的间隔

将山川环绕于它的浪中

我的意识慢慢逝去彼岸的迷离

回忆张开它们的双臂，心如止水

与我，世外描述了想象

此间之所以悠扬

止间之所以灵动

花和海洋，原野放漫

黑暗朦胧的双眼，亲爱的朋友，照亮我的路

此间止间与彼间之无所为无所不为

青春

就在刚才

有种南方小镇的感觉

穿越绿树阴阴的小路

幽暗的花香刺痛了麻木的灵魂

河岸上的暖风

熟悉的身影

我与你与他说

你在我的梦里

他在你的心里

青春像一朵白云

我尽力仍抓不住他

但却留下印记

内观

　　事物自身发生出现是在显象前为虚实之间纠缠，与此间世界发生无关联联系，突然走向是之后的往复，但就无限过程与发生而言已经出现状态，与此间世界并未发生，事实上已经发生了与此世界看似格格不入的变幻，然后千差万别往复同一适应。

　　无限宏观变幻与无限微观内间变幻终结与开始即发生开合之纪元表述，此间存在变幻在开合同一纪元后走向虚实之间如此存在，这其间无论此间与彼间所处任何位置上都无法窥见如此存在，与此间位置上看似不存在发生止虚之象，与彼间位置上看似不存在止实之兆，但如此存在难以捉摸，难以置信，就此存在。

灯塔

我喜欢你是你的悠扬
强烈走向世界上最遥远的风浪
我的心
点亮前方的灯塔

繁星

你我他

像是一条河流穿行其间

夜空里的繁星

视野外

烛光似由影

文学

如果你问我

人生还剩什么？

我还有文学

虽然有时我会感到忧伤

我的心

天空浪迹着白云

窥视

美丽的国度

繁星点点

由此照见远方的森林

我不在这里

却是那里

我的心
窥见天空中的繁星

寿夭

其人之性

五行而历八载

三十年中

六画之爻

一百八十年终

左右维度

前世来生

周游往复

全象之图

闭合仰观

尽得六十四象

以预天下道

平淡

我们的生活

如此平淡

像风被热情所形容

它并不知晓

像雨被寄予的沉思

眼睛里的忧伤

不知从什么时候开始

有一种隐隐的感觉

它将帮我越过黑暗

躲过邪恶之剑

瞩目在阳光中

听懂所有的声音

是如此平淡

自由的呼吸着

直到下一瞬间的醒来

奥秘

由此间世界为窥测着的世界，存在将不发生奥秘，皆可以照见存在过程其间，只是所在过程中无法自持于外，此间事物被受其间，犹如被受监视一样无法逃离过程。

由此过程其间皆发生窥测现象，就此存在过程即发生窥测现象，或是存在监视。无限往复结果其间被受限制，这种限制就使存在过程无法逃离由此窥视其间，也无法超越其间所在。

下卷

苏醒

浪漫

如果你问

没有答案

它早在你我之前到达了那里

就在那里依然有你追问

啊！青年，奔跑吧，田野浪漫。

灵魂

在夏日的微风里

我一个浪子

那里江湖犹豫的声音

被白马掠过的身影

灵魂写照

你为什么要阻止我

那里是天堂

年轻人

就在刚才我救了你

神奇的世界

我们是天堂

变幻

　　"一世界"之变幻发生出现窥视其间，无限结果自身纠缠虚实写照，自开始发生继续变幻复杂重复其间不断完整闭合变幻，此间闭合发生存在世界是往复过程窥视其间，意识变幻存于别处，窥视其间发生变幻出现在每个方位上，来自意识的现象。

惊醒

你浪漫主义的降临

缓缓的走进我的忧伤

谁在记忆的身旁

打开那灵魂的门窗

哎，我沉睡的心灵啊！

黑暗与雷声

来，惊醒吧！人生。

失踪

这里，那里。

你发现周围的人们以不一样目光珍视你，就是因为你无法实现随波追流，醉生梦死的人生。然而仇恨之剑在遥远的黑暗之中指向你，但无法伤到你，因为我不属于这里那里，但我对这里那里的一切很熟悉，超乎想象……

我依然在发生，灵魂失踪……

莫名

一个人在这个世上活的久了，就会发现周围的一切越来越陌生，他就像刚刚出生的婴儿，用他那黑色的眼睛窥视无形的色彩，即便来自灵魂的声音召唤你的样子，深深的陷入莫名的喜欢……

先与

其间可见意识状态与生命是此间先与意识目的的组成，其可以表述先与意识内容，不断发生原则性流淌，但其目的由先与前定，对于先与意识是可小可大，无限宏观与无限微观，皆发生微不足道的奇妙变幻，但对于先与意识是必不可少的。

太阳

不知什么时候开始你发现周围都是浮夸虚荣的人们，他们用异样的眼光来珍视这个世界，一旦发现不一样的人，他们就会像疯狗似得扑上来，试图把你也变成一只狗，一直醉生梦死的狗。

啊！我的太阳，我要举起那远行的风帆，让它那鲜明的旗帜高高飘扬。

啊！太阳，你快出来吧！露出你那金灿灿的笑脸。

理想者

地狱就是可以拒绝一切，它几乎永远凌驾于世俗之上，包容各种来自不同价值趋向的人们向其靠拢，无论是金钱、权力、自由、平等、博爱和与之相关的一切，是理想者的天堂。

当你不停的确立新计划目标时，地狱的大门已经向你打开了……

然后来自天堂的阻隔与告诫。

格律诗

不知什么时候

你已经开始了

正如天上的格律诗

如来？

鲜花？

折断遥远的枝叶

召唤

我的理想国啊!

快些拥抱我吧!

逃离苦难的人们

展开新的人生画卷

让灵魂得到净化

我即将消逝的青春

已来不及准备

通向远方的森林

原来你的样子

远方的悲鸣

那里想象中走来

仿佛从天国里倾泻而下

我的心

悄然的越过蓝色的海洋

地狱里什么都有

唯一没有的是与诱惑相对

在这个时候

比任何时候都需要它

我的灵魂

让狂风驱散漫天的乌云

啊!我的灵魂

你快醒来吧!

召唤天国的女儿

真容

原谅你的生活

完美的世界

如来

原谅你的际遇

平静的流淌

神啊！

让我看看你的真容

我保证不向世人诉说你迷人的样子

和爱恋

相对

　　其间事物皆被受此间虚实渗透而发生显象，处在过程中不断变幻其中，就会出现相对照象，彼此心照。事物才会出现相对存在与显象，对于它者事物才会有所表述，可视为阻断你的去向与归路。

　　相反不处在相对照象中的事物，相对彼此不发生显象，可视为相对不存在，无法阻断你的去向与归路，畅通无阻。

明灯

关于明灯

它来自远方的黑暗

人生的拒绝

高墙内的光亮

黑暗有黑暗之中

仿佛走进夜色的微风

我的心

矗立暴风骤雨

设计

设计后包括其间意识走向都无法避开事件自身不确定性的，避开其间诸多阻断形成设计，设计与所在变幻过程之外发生窥视其间的独立存在，可以阻断其间的去路与归期。无法改变窥视的冷漠与默示。

浪子

你有什么？

你还是你

我可能还是我

如果我还在中国

一个浪子

那里想象中走来

远方的悲鸣

江湖犹豫的声音

窥视被撞开的颤栗

那就是我

那就是我

消失

神啊

请原谅我

完美的计划

人间的理想

神啊

请原谅我

无知的人们

无法探知您的真意

神啊

请原谅我

再把您的手伸向我

我保证追随你的身影

和无尽的爱恋

呐喊

如果人们

生活不再有理想

我将停止不前

等待此间的虚空

如果人们

生活不再有追求

我将静守归鸟

等待与间的先与

如果剥开仇视的藩篱

我将拥抱自由

啊！大海。

你快点醒来吧！

用呐喊的声音迎接我吧！

黑暗

小雨

风吹

小巷深深

前面掠过的身影

黑暗

你已走过我在前行

黑暗

在黑暗中有双发光的眼睛

听雷声响起

然后我发现世界真的很大

没有执意的见面

就真没有再次相见

黑暗传说

热衷

我不知道把这个时间怎样命名，它本身就不应被塑造出来，是我们历经沧桑、还自认为是进步和创举的行动编织后的悲剧，我也从这个时候深信人的思想胜利一切，包括感情所涉及到达的地方，那简直就是疯子，就是愚蠢，然而我已经在里面了……

我的童年热衷于理想，现在甘之如饴。

向左

就在下一路口转弯，我又一次的感到来自灵魂深处的呼唤，时间很短，但足以让我鄙视这世俗，眼前来往的人们，你们在做什么？我很是好奇？我为什么如此麻木？哎，我的灵魂啊！向左还是向右？我有意向左，那里的路？

思想

我们将去另一个国度，如果人们谈到金钱将会来自旁人的鄙夷，如果你的人生最终没有认真的在这个世界留下印记，或是因为庸俗的生活而虚度光阴，对于我来说，缺乏思想将是无法言说的枯燥乏味。

庸俗

　　真是太可惜了，这个世界如此完美，可千万别让庸俗的人们拥有，那样将是对神的亵渎，不再因为跟随灵魂的召唤莫名的肃静，将是黑暗的地狱。

　　归来与离去我们没有选择，这是世界上最邪恶的地方，虽然你不知道从什么时候开始厌烦周围的境遇，我们依然走向邪恶，其间乐此不疲，即便存在生死之别。

界碑

将忧伤至于忧伤之中

自愿奔向黑暗森林

就这样坐在深深的荒漠里

很多时候浪漫开始了

你见过黑暗之中吗？

　　当你走出黑暗之中时，你就会发现周围的事物是那样的血影斑斑。啊！生命的界碑。像电光火石般的穿行幽暗深渊，用你那沙哑的声音发出厌世的怒吼，咆哮这愤懑的世界。

大同书

天红者

论东南

赤生阳地

盛极则亡阳也

论天北

赤化于阴

诸逆之象

上应知期

丙午丁未

十年祸乱

乙卯更迭

炼化人间

再此十年

甲子复生

外强域内

重整国家

走向共和

二十年间

两岸归一

天下大同

经典

经典

穿行在金色的沙滩

走下去

深深的山坳里

存在

不一样的光辉

说吧！

发生了什么奇迹

即便是飞过了高山

我的存在

就是你在这里

走在遥远的林荫路上

最低沉的声音

慢慢的闯进星空里

仿佛你的手

牵动如诗的夜

轻叩我心扉

带走我那缓缓的忧伤

陌生

　　你的身影慢慢地走向远方的太阳，就像远处的行人渐渐地走向你，你处在世界的中心，然后又处在世界中，你发现了我，我发现了你，原来即陌生又熟悉……

　　你来坐在这棵茂密森森的柳树下，视野外，远方的天空慢慢地吞噬着你的双眼，就在这潺潺流水的小溪旁，我唱起那记忆的童谣，催促你进入我梦乡。

别处

　　不对，我还想再去一次南方，我还想去另个一个国度，那里还有很多事情等着我去做，我不应该停下来，即便平庸的生活给你带来舒适与安逸，那并不是你与本来的模样，面对颓废的文化已经让你厌倦了与这里相关的一切，是另一种生活的启示，它不涉及人们为了忙碌疲于奔命而不知所谓，是光照在大地的样子，让所有人都露出了金灿灿的笑脸……

星群

　　　　你想要什么呢？你的感觉不停地接近，但还是没有在最后的时刻抓住它，旧时的褴褛啊！你得肩上是风，风上是闪烁的星群。

　　　　在你的前面是什么？为何挡住你的视线？你多想逃离这个庸俗的城市，背弃你人们，让呐喊声穿行，站在高高的山顶上，山顶上有流星划过的瞬间……

客观

　　　　客观意识仍然是意识的发生结果，只是在表达上会出现两种不同的变幻，此间不易变幻的依然是客观意识的无限建构，或是不存在主观意识的无限结果，是客观意识发生窥视外一次其间的不能改变客观意识自身的迷茫表达，是表象的变幻，但这种状态确实发生了让与空间与多位事物之间的自由尺度，即可表述为主观意识。

喜好

　　一个人能做什么呢？他自己并不知晓，除了人们需要表述相同处于庸俗生活之外的事而形成理想，这些也不应该去打扰其他人，多数人开始生活了，直到生命的终结。

　　前者是我的喜好，后者我并没有参与……

观感

　　观此间形态，尚能有感外物而自省，亦释义为存在生命者也，亦为非我在此间之外，亦此间之中也。如外物不能有感而动也，变化其间不能往复其内，此间与我同在同往。

浮夸

如果不是风景
有种莫名的相似
沿着声音
可能知晓灰色的样子

那时的人们

以为自由的远方

庸俗的人生

让浮夸与狰狞的面孔笼罩

人就是沦丧

等待着的并无意义

秋寒风月

小时候

我觉得远方很远

我们过去总是浪漫的

不要问我原因

时光已经流逝

有人从遥远的地方走来

想象之中的样子

缓缓走近的身影

天空之城的璀璨

把你自己流向光芒

我还没有名字

世界从我领向

回响

有一种语言的流淌

有一种声音的回响

有一种人从深处缓缓的走来

慢慢地浮现陌生的身影

喊出你的名字

有这样一群年轻人

他们相互认识

他们来自同一个地方

他们几乎在同一时间

在这里相遇

在这里暂住

他们的身影缓缓地消逝

照象

事实上意识发生在两此之间，显象亦然如此发生。主观意识在此间发生显象是客观意识往复其间不间断的事件，存在同一客观意识照象两此之间，它们发生相互背离反向的流动，主观意识发生此间显象的身影，存在另一种意识的刚刚消逝，即反向意识发生消逝是主观意识的显象，是客观意识发生两此之间的照象。

迷离

我不属于这里

也没有沉迷

没有，尽管我是如此迷离

像翩翩起舞的风

像拂照在田野上的太阳

我不属于这里

也没有沉迷

没有，尽管我是如此忧郁

寻找

　　树林的深处，原来那里有一座房子，秋风吹起时，你才能看到那里高高的上空飘散着云彩，下面的水波漫过小桥时的样子，我到处寻找孤独而脸上泛着笑容......

反向

存在两此之间相反此间意识，此间发生意识开始走向往复过程即终结此间显象状态，相对独立意识亦发生着开始此间显象状态往复终结意识，发生着四种意识状态变化其间不同的身影缓缓走来走去……

意义

对于一个人并没有意义的生活着，并不是为此面目狰狞而庸俗的往复，即便是来自之外的仇恨之剑亦存在别有目的，我们依然如此执着的走向终结，没有最初就意识到开始，是我们不同于其它遗憾的人生，也因此没有遗憾……

关注

　　出现在别人眼中照见自己是一件很令人惊讶的事，三十几年来他一直出现在我的记忆里，我都力图用尽全力来描绘未来的蓝图，主观意识发生着与我看似处于相同生活之外的状态，由此与我发生的一切我都保持格外的关注，即使很久以前存在着到此并没有终止的想象……

期遇

神啊
我又一次的见到你了
你不要对我隐隐藏藏
即使你从黑暗中走来
那光明依然照亮天空中的群星
你得爱恋依然如此光艳照人
仿佛是想象从远方走来
缓缓的身影又柔和的色彩
就是随风荡起的波纹
也不能将这美妙的画卷背离
你那微笑给我印象的脑中
也注入了生命的乐章
你的光辉留下了刹那一闪
恰似太阳在我心里的光亮

夜莺

我闯入了一处密林

阳光越来越柔和

慢慢地心里接近欢喜

就像我小时候

看见自己在林荫深处

有不同身影闪闪经过

还有声音

像是在远处歌唱

夜莺的幽冥

山里人如此称呼傍晚的开始

我们缓缓而出现的身影

都在越过未来的蓝图

再见吧！光明。

黑暗从远方走来

尺度

事物发生着不间断的显现，以至于事物自身又不断的发生变化，这一切外在表象皆与事物发生着归此现象有关联。出现事物可以窥视其间相同事物的自由尺度，但直至终结自此发生的窥视结果才能意识为归此发生，事物且不发生显现的对此虚间亦发生着归此，归此可知为不必要发生窥视的意识现象。

火光

你可以充满信心地
用笑容迎接我
每当我与鲜花并肩
慢慢越过断桥
它是最温柔的风
像这样的风景
很久以前出现过
它惊讶的天边星群
和划破夜空里的火光
火光中的你我

照见

深秋树林里

仿佛发光的夜空中

闪闪而逝的星群

穿过幽灵的心境

和璀璨之光

出入生死之门，往复两此之间，并非久长之策，谋求介乎之状态，此间意识之志，尚有相对此间之意识，即生死介乎之外，又一世界矣。

迷失

与我与你

我也知道

你像深域的幽灵

吞噬着黑夜

可我又是我

渴望着

光一样迷失在夜里

是你发现了我

你又是我的热情

你可以握住

我这里消失的时候

情感

在我醒来的时候，厌倦了来自世界里几乎同一声音的告诉，他们永远坚强的走在一起，虽然不同人有不同不相干的表述内容，但他们与价值出奇的一致，都是在表述金钱相关联的一切，毫无意义。

出现在你眼前是多么冷漠的世界啊！我看不到任何希望？我的情感离开了这里，不在为此关注外面的人们，从他们身上无时无刻的奔向金钱……

从他们身上无时无刻的奔向金钱……

我的周围开始无法看到除广告之外的异样事件，无论新闻媒体，还是大人物的举动，似乎都在告诉你一个关于广告相关联的固定模式，上层意志的膨胀驱使着人们虚荣、浮夸的活着，每一天都碎心与金钱而行尸走肉，关注那些关于强大的事。

我们的社会出现了问题？我们的价值观出现了问题？你很久以前就说过这个问题？我说过吗？我是真的忘了吗？那是非常可怕的事？人都在不真实的活着？人似乎不需要活着？

他们睡着了吗？不，他们还活着呢？孩子用他那天真无邪的眼神望向远方……

孩子不要怕，我会带你去寻找一块自由之地，那里的人们除了春种夏收之外，剩下就是做着有关于情感维系，与维系下的关于奥秘的探索……

诗人

像是和一位诗人

迷失在思想的明辉中

吟诵着天空的舞曲

直至所有人的目光

渐渐地停留在希望和忧虑的唤醒里

理想

我年少的时候

独自坐在寂静中

走进我的忧郁与欢乐

你的和我的

我们分享着一切

在羞愧的疑惑中解释命运

这是为什么

怜惜也是生活

要理想，它以浪漫的脚步

躲过了未来的光辉

就剩那一瞬间的舞蹈

那里是什么

昏暗中透过几处光亮
远处的我开始等待
如果是如一
即可为理想的明照中

犹豫

如果理想越过了未来的藩篱，我们将不在犹豫，在你有生命以来实现自由，那时你即便消逝的身形也能感受到温柔的雨。

如果是深域里的幽灵在这里漫无边际的寻找，黑暗与冷漠渐渐地吞噬着发光的一切，没有犹豫的时间正在夺走我们勇敢的身躯，而是逐渐靠近了孤独，我们已经到了星光闪耀暗影肆虐的篱笆旁边，惊奇的发展这里是我们曾经驻足过的黑夜与行程。

记忆

假如是你

在我的记忆里

有一束光

尽管走下去

黑夜笼罩着星辰

你见过树上满是光吗?

和光芒下的我们

除去一张张笑脸

和剩下的生活

每一张鲜活而展开的画卷里

等待

我等了很久

和我消逝的青春

让世界好起来吧!

这里的事已经终结

我已准备好

拥抱你

我的理想!

我一定会记住你们

你们一张张青春的模样

印象的脑中

美与羞涩

那就是我

是我啊！

笑脸停留在光芒的背后

一个人

牵着一匹俊俏的马儿

从远处余辉洒下的河水经过

鲜花

那朵鲜花

也去过那里

就在灵魂潜入

花香消散着

你曾是我

你我相见

当从我这里失去

林林总总的欲望

于我于你

消失的河岸与花

消失者

　　两此之间存在意识不断往复或隐或现，是意识为此形成自身独立状态而不能停顿的流向，意识自身过程中出现无限结果，为此发生虚实两此之间转化意识发生事物，但意识并不能完全处于不易状态中，此间存在不易状态，就此消失着，对于往复两此其间也是如此发生消失意识，这里的意识处在不易变化中，即真实消失意识。

自由人

　　一个自由人的韧性，古老而神秘的模样，潜伏在幽深的山坳里。他那犹豫的眼神中流淌着虔诚的苦难与些许的谦恭，仿佛是和一位诗人探讨生命的奥秘，关于生活的执着。林林总总，只是些朦胧的影像从远方走来，用零散的片段筹划着想象而就此展开一幅绚丽多彩的画卷。

马儿

关于生活

一匹俊俏的马儿

带着想象直上画面中

那影像里

尽是奔跑的河岸

古风

神兮，神兮

日居与月诸，照临多寂寥

神兮神兮玄天之翼

日月为之遮挡

神兮侧目

神兮神兮居何处

神兮东方兮

大浪淘沙不兮

此志不渝

习习谷风兮

以阴又以雨

神兮神兮

有始有终兮

有始有终兮

虚实

意识其间是意识如此存在的表象，能够意识自身的世界，其间发生着不可逾越的现象，自身并没有其间为此表象的状态，而消失意识其间仍然被受过程中的无限结果所限定，消失意识与意识其间皆发生在有所依存的世界里，但所依存的世界又是自身表象意识存在的现象，无限微观与无限宏观的意识其间中，消失意识仍然往复其间，与意识的状态。

往复其间，两此皆发生矣。消失其间亦往，意识其间亦往，消失可长此以往，意识两此循环，消失为意识之象，意识为消失其表，由此能进能退，成一虚实之界。

为我

为我
你与神对话
希望得到神的启示
为我
你游与世界里
看见花的河岸
为我
你想象中走来
突然出现人们的视野中

每个人都有着自身意义的理想，也因此驱使着他的行为判断的方向，我从始至终并没有把理想与金钱等同，庸俗的生活。并且不断的照见我的理想，是自由、平等、博爱。

大河

像是在梦中
一条大河迤逦地奔向远方
天昏暗着
有几处光芒透过

忧望

辛丑兮朝阳
望之远兮游列国
恐生危难兮，大国将暮
我辈何处兮，乱世逢君
得吕望兮亦安
得蚩尤兮亦乱
平民志向，天可与否？
此乐于长生兮，山石雨境
观天时之往复兮，行度盈缩

花间

如果你进入

花间并无意义

是引向寒风中

留在印象里

惊奇

你满足了我所有的想象，光明与黑暗。

没有人抵达过那里，画面中出现了很多熟悉的身影，有两种人，我喜欢讨厌的人走到了一起，这是我的全部，我开始怀疑这一切的真实性，直到苏醒……

痛苦

我从没有像现在这样对未来的忧虑与期许，我也从没有发生因为其间任何阻碍影响理想的实现，即便对于多数人不曾关心的，关于自由、平等、博爱。我发现无论任何情况下都不能阻止我向它靠拢，然而真的会发生让人惊讶又恶心的事，如果我们的周围都是谎言与欺诈，这并不能使我们痛苦的原因。

　　如果我们的世界永远回不到过去，这将使我们失去理想的家园。如果我们因此失去了理想，对于我来说，消失了人生的意义……

乐章

就在黑暗揭开
它那黑色的帷幕
我的心忽然闪过那束光
助我完成这夜的乐章
我的理想
带上它那想象的声音
慢慢地走出了深埋
站在高高的山岗上
啊，我的太阳！
渐渐地露出微笑河岸

沉浸

我慢慢的平复了内心

沉浸在思想的明辉中

那时另一个国度

已经远去的身影

光芒下的孩子们

像是有人从我身边掠过

过程

　　意识不能停止自身变化，不能始终与一种状态持续，促使意识不断的消逝，事物不断的衰退，直至此间成象的消失。即是意识发生成象存在着消失的过程，保持意识不变与一种状态或是初始状态不变，就能影响意识与此间成象变化的快与慢，或是与此间同往，显象只是过程，并不能维系状态的不变，归显是此间意识的走向，长于此间亦此间同往。

　　与此间自由尺度发生着相同尺度下的意识一样，相同此间依然发生自由尺度下意识的不断流淌，而对于相对自由尺度是同一结果中的两此之间尺度，即此之间发生的意识能否实现两此之间的尺度适应，是意识的完美状态，也是意识实现表象与窥视的又一过程，能够实现往复两此之间是意识可脱离自由尺度束缚的限制，完成意识开始的存在结果。

存在是无限的，也是可以宏观窥视，也是可以微观的窥视，窥视中发生着无限结果与同等虚实之间相互依赖建构完美的发生过程，意识就是发生，有开始的消失过程，归此就是未发生，无开始与逝去的过程。

生活

也不尽然

生活一样开始

这是为什么

我的思考还没有离开

以此无限结果中无限发生，并不是从此发生无限往复其间，也不是由此结果中发生不再继续，是并不由此发生，也并不由此出现结果往复，是完美的似乎没有发生与结果。

白云

也是远去的消失

因为上方照耀着光

此处真实着

并不是拥有越过了水面

当白云越过了山顶

天空至此失去了飞鸟

让我们张开即使不是用我们自己的臂膀

只要自由与此穿行

灿烂

在这昏暗的天空中

永远的站立

忧伤尽在了望着黑夜的光

它清晰却遥远灿烂

由此多么寒冷

是你，突然出现

啊！令人眼花缭乱的世界

你的目光就是我的星辰

消失在飞逝的空中

与你与我

过去，现在和未来

大象

身寂未动，窥视其身，以视五内，有感鼻内生风，远取诸物，神游虚无幻境，扶烟霞之色直上，而入大象矣。

末日

无助的

陌生的世界

人们开始焦虑

直到不安的情绪

侵扰着早已受伤的灵魂

狂风就在不远处

那撕心裂肺的怒吼

用它那冰冷的眼睛

死死盯着

直到所有被凝聚在黑暗中

压抑的没有声音

刻画

　　有象以来，是谓之无象意识发生自身刻画成象，象中存在虚实两此之变化，皆是发生着独立且相反的变化，如出生事物与此间之方向也会恰恰相反，此间发生自身的形象也是一样存在相反的发生存在，就像镜中事物被照见自身所写照同样神秘，但却存在着如一之关联，就像镜中发生照见的事物，所发生相反的存在，但如此本象的消失，镜中的照见事物同样也会消失。

奔向

我站在夜雨中

头顶的繁星闪耀

我依然听近你的脚步

啊！世界的另一方

如白光般点缀你的天空

可我的心却会留下

火车的奔向

旋律的声音

神秘

　　一个幽灵的自述，越过古老而神秘的国度，风飘扬着想像的双臂，慢慢地掠过了田野上的白光，仿佛在他那犹豫的眼神中看到了生命的乐章，高高耸起的阿尔卑斯山，像是走进的诗人，等待着生活的意义……

假象

　　如果以着一个时间持续的点上发起意识未来的走向，是消亡。此时真实的发生着并没有出现意识的结果，那么我们并没有发生是此处出现了多重意识，就像镜中出现了同样的你被真实着，消亡是镜像中的你或是与此成象，由此将出现不似真实的自身，存在就会出现幻象，可能皆是虚无……

功名

林林总总，我的思绪。

与金钱相关的欲望不发生关系，可以将自身存在于平和的状态中，但还不能进入虚无的此象间，我知道，我的功名阻碍了我，我的前进方向。我依然还保留着一丝执念，功名的追逐，就像走近我身边的人们忽然间消失，我仍然会感到惊奇……

无象

你现在发现的自身与接下来发生的自身永远不是同一个你，以此处在纵横交错的时间与空间中存在着同样相似又陌生你，由此多维空间与多重宇宙。时间不存在，所发生皆是有象象中变化窥视自身意识的流向，如能停留，其无象是象中如此完美的走向，无象并未发生……

朋友

我的黑夜
我的朋友
我又一次的走进你
有一个身影从远处萦绕
就在我和你对话的瞬间

他已经深深的植入我的脑海中

也是无声的静默中

印记在微风里

预兆想像着先知的话语

太极

神兮，神兮

无极生太极，八万四千里

神兮神兮七千里日月

复光明之量度

神兮复阳

神兮神兮往何处

神兮南方兮

七宫而降阴兮

又七千里

周而复始兮

阴阳交泰兮

神兮神兮

天地虚实兮

乾坤主宰兮

思索

之所以跟谁？

天空里响起了音乐

夜色的帷幕泛起了红霞

如果时间里？

给自己留下了什么

我不停的思索着

知遇

　　无象中存在着不同的两此方向为此间相互消长，不能分离相此发生着如此相近又陌生的世界，有象由此实生成虚无变化，无象由此虚生成象的意识，窥见事物表象应其变化所在两此之间为非象。

　　往复其间，象意周游宇内。所见事物并非陌生，遇见之人似曾相识，皆昭示人非一世之人，生者向死，死者复生，无限结果，来往于生死之间，应乐知天命，窥视此间之外，至生死之彼，可遍观无象知遇。

国度

在我的国度

春天里温柔的风

遥远的深处走来的身影

以及山上的云朵

真理点亮的蜡烛旁

静静地走入你的梦里

在我的国度

如此感动着

人们不在质问激动的人

夜里也不会这样喧闹

丛林里的生灵同样不会惊奇

人们感激着光的温度

昆仑山

我们如此的相遇

终于可以窥见的容颜

昆仑山的信仰

是你开始的这里

生命因此的世界

我无比的爱恋

雪色中远远的走来

皎洁

因此

消失着如光般的皎洁

在此处行走

我再也不会打开

正望着它们

我将披荆斩棘

天啊……

慵懒

我们

蓝色的小镇

有着无尽的黄昏

古老的钟声吹起悠扬的雨

有时候

在黄昏

我喜欢慵懒的姿势

淡然

冷漠

像时间轻轻的流走

声音

有一条小路

神秘

没人知晓

涌出来的光亮

有一种声音

轻轻的拍打着你的肩膀

想象着一个国度

温和

平静中走来

如此自由

像是幻影跟着你

与我

与我

陌生的世界

庸俗的生活

并非真实的花火

与我

依然坚持

划过蓝色的天空

想象中的国度

由此窥见

又一次的人生

风秋

是一道光

无限的瞬间

在远处的风声里

盛开的天空中

如果在九月

不是去年的深夜

由此文学。

那是可以引起灵魂深处不能表述视外的情感，与此表演人生，没有意义。复杂的知遇随意书画着想象中的图像，不为人知，其间的几根琴弦挑动着远此的旋律，缓缓的发生着生命的照见。

优思

　　与这白色的月光里，悠扬的音律中想象着，即便夜色帷幕的人们还有些喧闹，草地里的生灵已然开始苏醒，此间窗外的繁星流露出幻影般的笑脸，我的优思，飘然而去……

笑脸

如此发生

许多年以后

岩石生出青苔

荆棘布满山林

在远处走来走去的

不似你的身影

那天依然露出笑脸

苦难

那犹豫的

眼神中流淌着

虔诚的苦难

与些许的谦恭

除了需要表述

相同处于

庸俗生活之外的事

而形成理想

这些也不应该去

打扰其他人

多数人开始生活了

直到生命的终结

前者是我的喜好

后者我并没有参与

幻影

思想的明辉中

已经远去的身行

眼睛里的世界

走进理想国

与神的话语

因此发出嘶哑的声音

真理

世俗的冠冕

让鄙视如同脚下

它的沉重

为此生出空虚

可是着永恒

欢迎顶荆棘冠冕

尽管刺痛人生

我看见光辉

在我面前呈现

它如此幸福

想象

真理的奥秘

观火

有此象中

如梦之幻影

前此过程

往复其间

回忆离往

是之印记

同此同象

长此以往

是此其间

与此无为者

有象者生

重生离往

否此其间

不是生死

隔岸观火

非此之象也

山里

我没问

也没什么要问

你从山里走来

我住在山上

远此的绿林中

没有人的嘈杂声

啊！我的太阳

是我从清晨守候着日落

是你从日落等待着清晨

是光一样的日子

没有纷争

人们喜悦着生活

人们的对话是那样的

开始的时候

我已经喜欢了

由此穿透奥秘

我没有

那是白雪飘过

高高的山顶上方

轻轻的声音

我的知遇

先之

一此发生世象有着自身发生存在的目的，并不会因为发生象中有着自由尺度而发生改变，自此发生结果中不断的走向先之过程，是之象中开始因其出现直至消逝的全象，此之过程的长久是其发生先之过程的目的，即窥见先之过程的时间。

影子

你是真实的

我是真实的

你在影子中

我在影子里

谁是真实的

谁在真实的

谁在说话

谁在飘动着

我能说话

你在飘动着

印象着沙滩上

我怎样诠释完美

海风已经吹来

天际里的白云掠过

你看高山在吻着碧空

阳光紧紧地拥抱着大地

好像是初秋的枫叶

慢慢的落下迷人的身影

金色的沙滩上

挣扎

下一站

你的舞蹈

活着的灵魂

跳动着

压抑又是挣扎

还有一种

莫名的放纵

平等

万物平等

非厚此薄彼

非善恶美丑之别

人之出生

命数已定

人之意义

为其命数也

亦为天之道也

非世俗之论也

善恶美丑

贫富贵贱

皆世俗之论

天之道

平等博爱视之

否之

非其生也

即之出生

当知其意

否之

再入往复也

如知其意

且为之所向

进而完善其身

与天道同往

可离此往复也

坚持

有些事情

总得要有人去做

不能奢求所有人都明白为什么而我们还在坚

持

那里的风景已经有了颜色

但窥见它的人渐渐的远去了

三世论

一世，乾道始，一千零八十，坤道终，七百二十，始者自终，终者自始，为太极也。如此可知，今历经三世，尽五千年矣，坤之道，值此八百年，满天诸神，入凡蒙难，圣人则世众神归位，传天子诏谕，周成天下，四夷慑服。

今太极星者，当位坤之道也，坤之道，君子有攸往，先迷后得主，与此私谋者，假坤道之名，行乾道之实，必殃及自身，此假名起于西北，亡于西北，与此坤之道，四方诸国，天寒地冻，阳气日衰，阴气日盛，女主事者多，月色不明反照红，黎明之前，天下昏暗。

惊喜

我的生活
如此而已
平静的流淌
有人问起我
我刚到这里
还没有名字
我惊喜万分

也惊恐万分

当世界只剩我一个人时

门外突然响起敲门声

我走向声音

我没有出去

还是留在一个人的房间里

象中论

处阴即阳，处阳即阴，阴阳左向，如是梦中，是此发生，如是梦外，是此幻象，只此一端，真者无象，假者有象，真者无明，假者明见，如此往复，难觉大道，持中做忘，即阴即阳，长此以往，离此象中。

象中，为识之存在，三此象中也，为神之心，象与识，应于此间，除此神之述，与此神识，为全象也。此之心悦，此之心忧，此难之生，有何为之，行度盈错，幻象之中，维此中正，乱象不生，如幻如梦，知遇天命，离此象中，无我无象。

小巷

慵懒的海风

像张开的双臂

失去在声音里

不似少年的笑容

依然勇敢

从远处走来

发现了什么

恐惧闯了进去

奇怪的人们

狰狞的面孔

邪恶的画面

每时每刻的吞噬着

金钱与罪恶

一个人的寻找

消失在小巷中

如此

如此

我知道

他们并没有设计

对于想象力

已经开始了

如果你们的窥见

关注着这里

存在的发生目的

如此

我知道

如果不是我

是我在窥见

远处的风景

如果就是你

走在画面中

缓缓的身影

是你不是我

如果不是你

人知所象

追随而去

幻兮

幻兮，迷离其间，困哉，穷尽其道，亦难离，复生矣。虽知所象，不以为之，离兮，意志不易，解哉，无所至于，必归虚，不复矣。

小时候

那天还是小时候

一切就像刚开始那样

窥见不在有着光一般的润泽

那天还有着太阳的朗照

那天还是小时候

一切就像刚开始那样

窥见有着光一般的润泽

那天还有着太阳的朗照

声音

站在了那里

一个人的身形

时间遥看着山上

逐渐的回到了小时候

那天还露出来笑脸

儿时的模样

就此转身

窥见了一切

就像小时候

不在因为世俗而奔跑

穿过绿林里寻找着奥秘

阳光从河面上溅落在你的眼蒙

发现如此美妙的天空

自由鸟儿的声音

下面的我们正要想象

风轻轻地掠过

神开始苏醒着

他们回来了

逍遥

夫逍遥者

或为富甲天下

纵横四海

或至于草莽

浪荡于烟波中

或至于百花丛中

聆听四季之音律

观沧海之桑田

或途经王母领地

至于百鬼畅谈

或为地狱之烈火

万劫其身

或为妖易之惑

不拔其躯

或为灿烂星河

斗曜之光

天之帷幕

勘定四时

皆幻象也

神兮

迷雾终究消散

异志不生矣

时尔

时尔往复画中人

时尔逍遥游于幻象间

或为烟雾缭绕之中

或感抚琴小夜听风雨

音律唱和之美兮

着为人所迷惑兮

自此中来兮

已身为幽灵寄予高玄兮

困囚

有一种感知

力图接近幽灵的困囚

小林飘漫着雨

我思索着前面的路

意识发生了

离此并不遥远的风景

窥见从黑暗中走来

安静的没有声音

火焰

山里面有了光

它闪闪的样子

像是流淌在山间的小溪

慢慢的水面

青青的草地里

出生的小苗聆听着雨声

直到绿树林荫的小路

走向了红色的火焰

前世

前面的山路

几处烟雾缭绕

散落在树林里的喧嚣

由此知遇我们

还是窥见

像光一样的润泽

随着耀中已经远去了

感知的回忆

熟悉的声音

之前真的发生过

包括语言

窥见着自我

我的思维在周围追索

在那里

就在那里停留了我的身影

那是什么时候

我来过这里

从画面中表述着现在的风景

灵魂

灵魂

像光一样的耀中

像小竹叶上闪闪的水滴

像伸手抚摸的小草

那样柔和而有感觉

没有声音的飘漫

但在远远的深处点亮着灯塔

天火

古老又神秘的深处

渐渐地有了光

在这幽明中缓缓的点燃

直到好奇的人们

用最后的力量靠近它

那撕心裂肺的声音

激怒了地狱的烈火

在火焰中化为灰烬

惊雷

一个幽灵

在走过遥远的深处

渐渐地从黑暗中有了光芒

它思索着

似乎窥见的奥秘

真知

像花的笑容

逐渐点亮了群星

夜幕的天空中

只此之间

悄悄的走向消亡

自私的家伙

那烈火已经燃烧

没有人会告诉我们

恐怕听见未来的声音

毁灭着过去

奴隶成为牛马

总要有人奋力向前

文明开始了

惊雷在远处缓缓走来

上古

那时候

人缓缓的走来

风吹过

草地里微微的声音

一张张熟悉的笑脸

不再犹豫的眼神中流露着

相互琢磨的身影

就在不远处

发现我的名字

留恋

在这里

我们没有声音

我们没有去向

我们都在不停息的奔走

他们似乎被驱使着

心甘情愿的跟谁

有种魔力竟能抓住人们的灵魂

直至消亡的时候

竟然深情的留恋

终于被雷声惊醒

发现自己处在黑暗之中

没有一丝气息

迎来的不是喝彩

在幽深的山洞里点燃了

烈日的火焰

燃烧

我们

将被引向哪里

有种与灵魂深处的追问

这些迷失

慢慢地写入脑中

发现所有人已经遗忘

并没有说明

正在悄悄的走向燃烧

我们

还是记忆的昨天

感觉不到莫名的召唤

以及最后的呼吸

窥问

分离会使自身至于虚无之境而无所依托，如同孤魂野鬼，飘零江湖，痛苦不堪，直至往复以成其象中消失着真识，最终是其朽木而无所感知其生之奥妙。来处不至于象中无所限于，其真识得到最终的释放，不被受虚无之境的迷惑而陷入无休止的往复之中，上可出入无门之所，下可感知有生之妙，能大能小，皆如手中之物又至于手中，无所窥问。

万年历

阴中有阳，阳中有阴，阴阳同象，如影随形，为太极之谓也。

大象乾坤，化生万物，非阴即阳，非阳即阴，至于其间，概莫能外，皆水深火热也。

天道始终，左出右进，一阳而复，三十年间，游历六象，一百八十年，尽得死生之妙，一入红尘，非大智大勇者，难离象中，往复其间，可得一万一千五百二十年之生死图，为乾坤万年历。